Aprendamos LA ROPA con

Color the picture that shows the meaning of **¿Qué ropa llevas?**
Colorea el dibujo que representa **¿Qué ropa llevas?**

Trace the words **¿Qué ropa llevas?**
Repasa las palabras **¿Qué ropa llevas?**

¿Qué ropa llevas?   ¿Qué ropa llevas?

¿Qué ropa llevas?   ¿Qué ropa llevas?

Aprendamos LA ROPA con la llama Rosita

 Trace the words **Yo llevo** - Repasa las palabras **Yo llevo**

Yo llevo   Yo llevo   Yo llevo

Yo llevo   Yo llevo   Yo llevo

Aprendamos LA ROPA con la llama Rosita

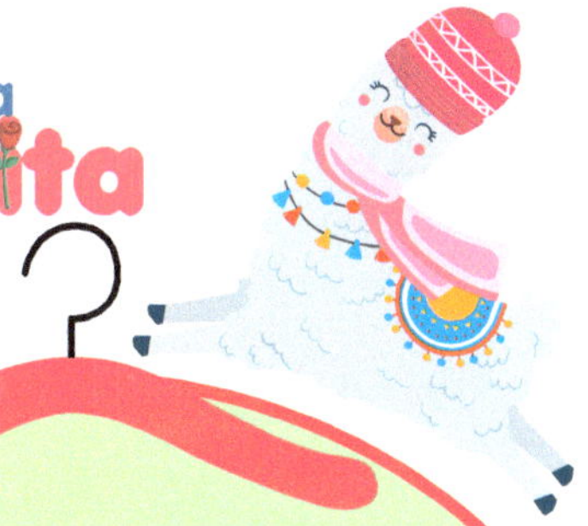

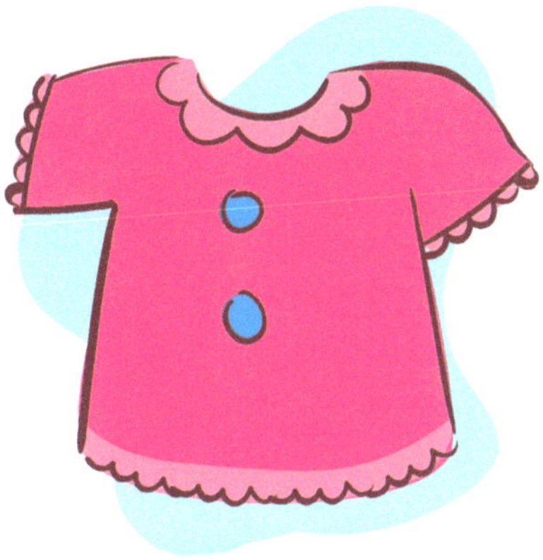

la blusa
the blouse

La blusa es rosa

Color it - Colorea

la blusa

Color the picture that shows the meaning of **la blusa**
Colorea el dibujo que representa **la blusa**

pantalón   blusa 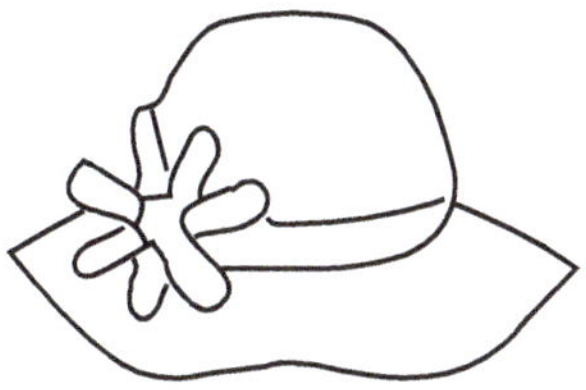   sombrero

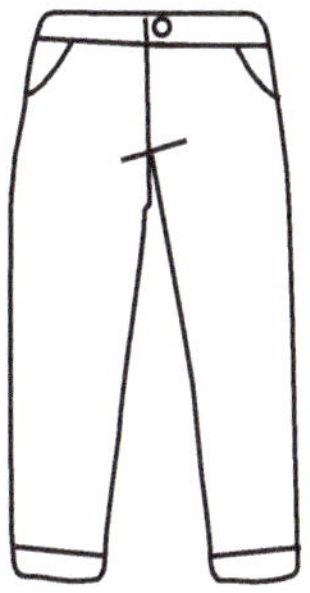

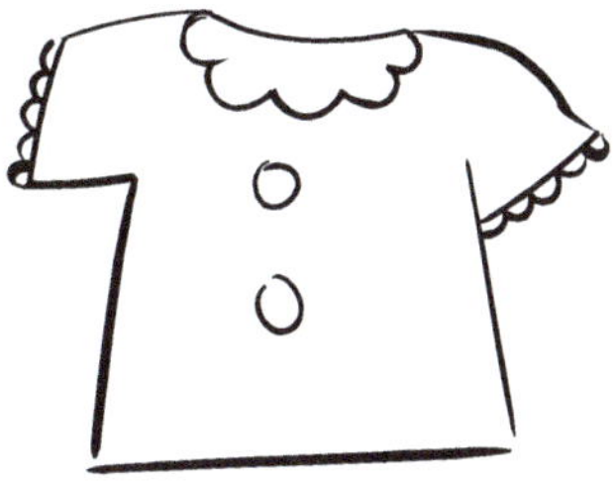

 Trace the words **la blusa** - Repasa las palabras **la blusa**

la blusa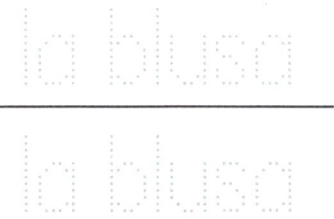

la blusa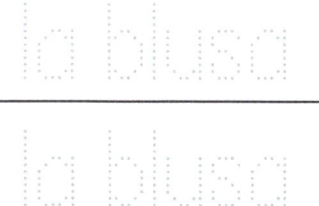

Aprendamos LA ROPA con la llama Rosita

la falda
skirt

La falda es azul

Color it - Colorea

la falda

Color the picture that shows the meaning of **la falda**
Colorea el dibujo que representa **la falda**

pantalón — falda — camiseta

 Trace the words **la falda** - Repasa las palabras **la falda**

la falda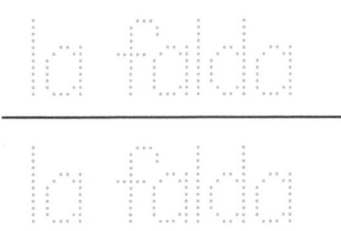

la falda

Aprendamos LA ROPA con *la llama Rosita*

el vestido
dress

El vestido es amarillo

Color it - Colorea

el vestido

Color the picture that shows the meaning of **el vestido**
Colorea el dibujo que representa **el vestido**

sombrero    zapatos    Vestido

 Trace the words **el vestido** - Repasa las palabras **el vestido**

el vestido   el vestido   el vestido

el vestido   el vestido   el vestido

5

Aprendamos LA ROPA con la llama Rosita

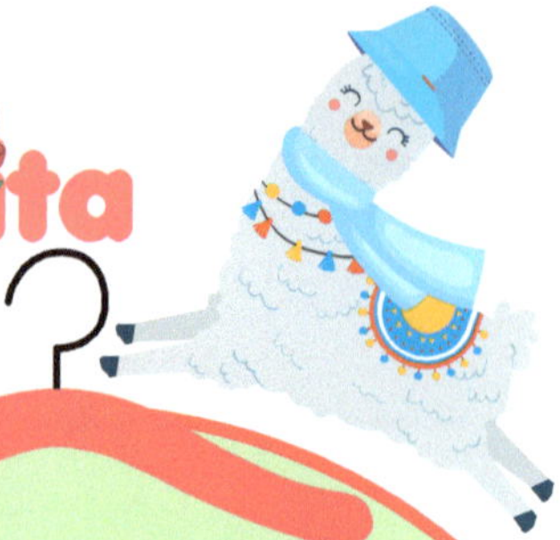

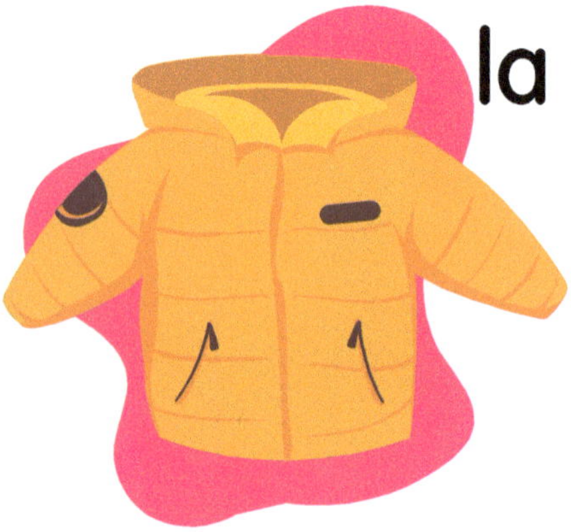

la chaqueta
jacket

La chaqueta es anaranjada

Color it - Colorea

la chaqueta

Color the picture that shows the meaning of **la chaqueta**
Colorea el dibujo que representa **la chaqueta**

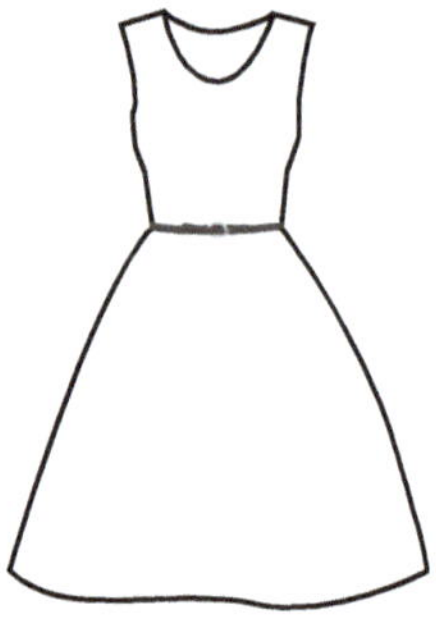

vestido 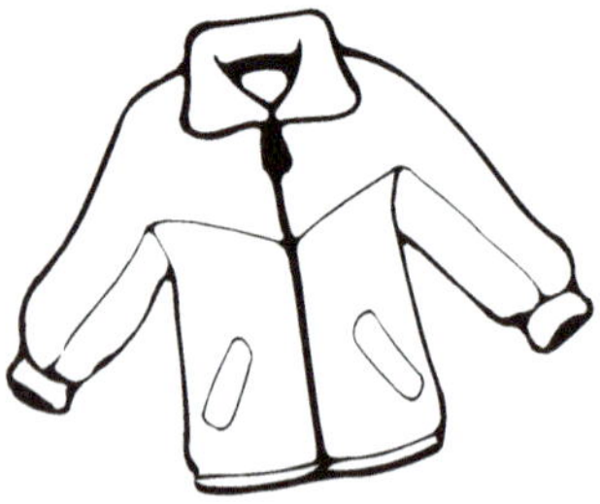   chaqueta 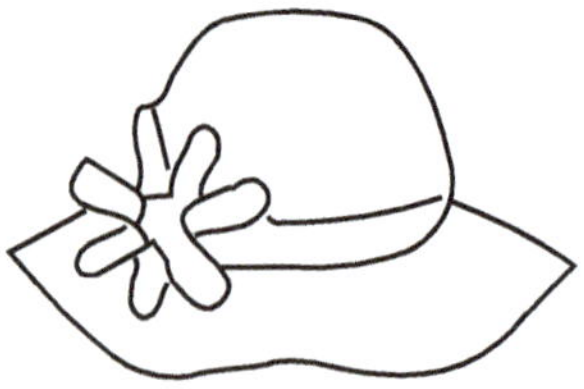   sombrero

Trace the words **la chaqueta** - Repasa las palabras **la chaqueta**

la chaqueta
la chaqueta

Súper

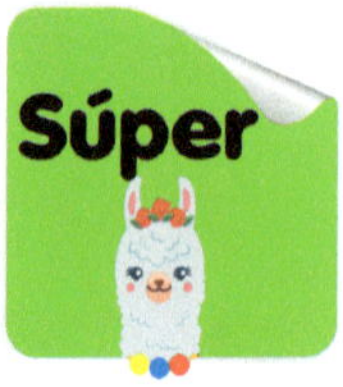

Aprendamos LA ROPA con la llama Rosita

el abrigo
coat

El abrigo es azul

Color it - Colorea

el abrigo

Color the picture that shows the meaning of **el abrigo**
Colorea el dibujo que representa **el abrigo**

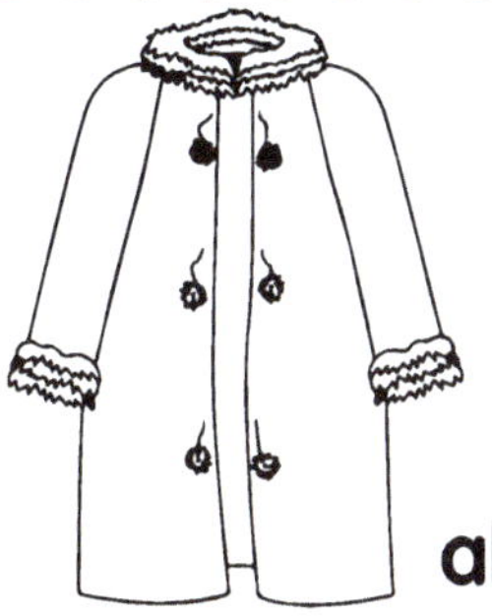

abrigo   falda   vestido

 Trace the words **el abrigo** - Repasa las palabras **el abrigo**

el abrigo   el abrigo   el abrigo

el abrigo   el abrigo   el abrigo

Aprendamos LA ROPA con la llama Rosita

el pantalón
pants

El pantalón es morado

Color it - Colorea

el pantalón

Color the picture that shows the meaning of **el pantalón**
Colorea el dibujo que representa **el pantalón**

falda    chaqueta 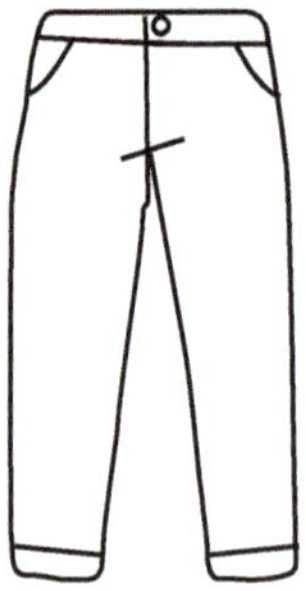   pantalón

 Trace the words **el pantalón** - Repasa las palabras **el pantalón**

el pantalón   el pantalón   el pantalón

el pantalón   el pantalón   el pantalón

Aprendamos LA ROPA con la llama Rosita

el suéter
sweater

El suéter es rojo

Color it - Colorea

el suéter

Color the picture that shows the meaning of **el suéter**
Colorea el dibujo que representa **el suéter**

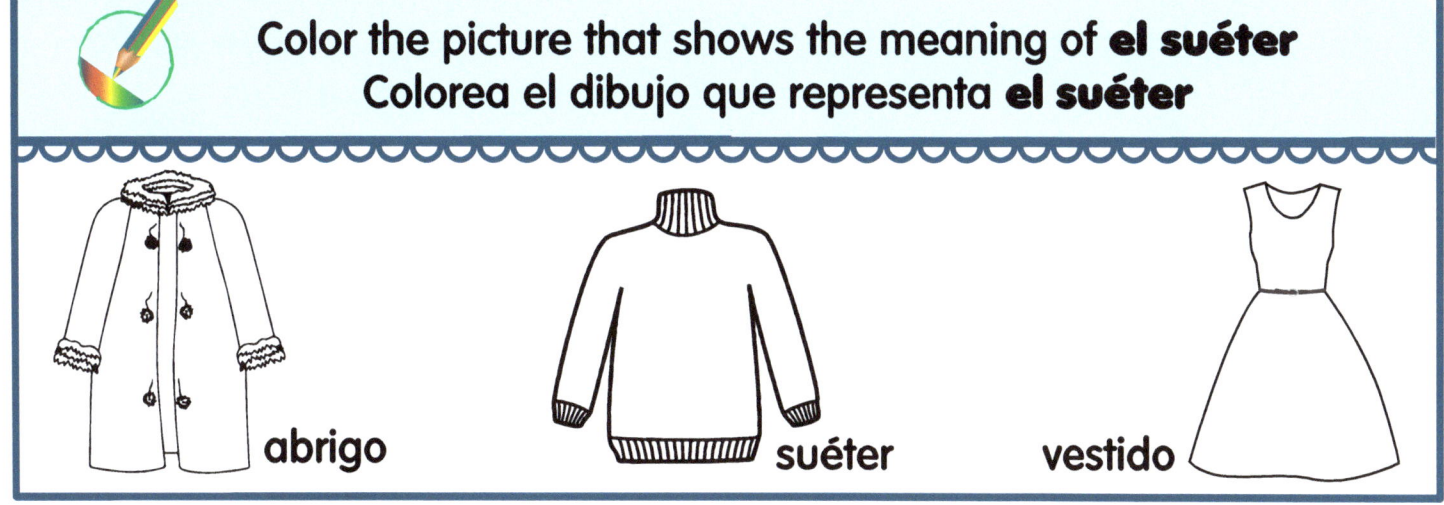

abrigo   suéter   vestido

 Trace the words **el suéter** - Repasa las palabras **el suéter**

el suéter   el suéter   el suéter

el suéter   el suéter   el suéter

Aprendamos LA ROPA con la llama Rosita

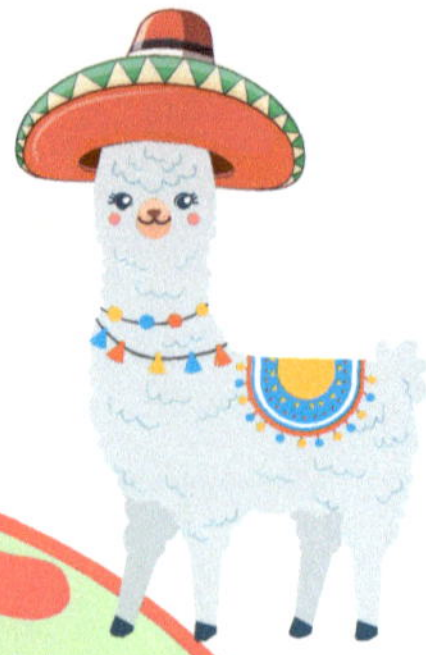

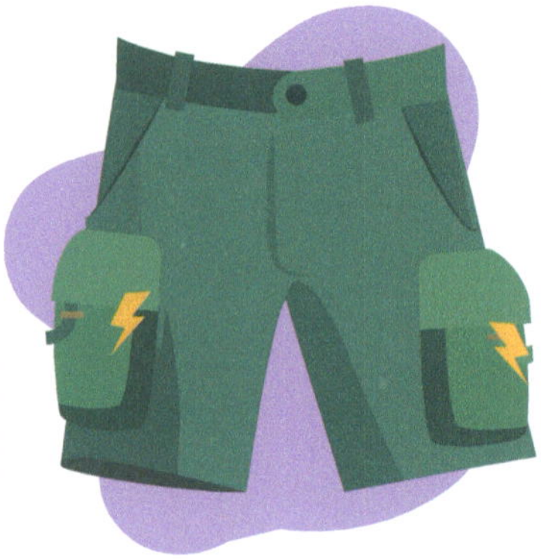

el pantalón corto
short

El pantalón corto es verde

Color it - Colorea

el pantalón corto

Color the picture that shows the meaning of **el pantalón corto**
Colorea el dibujo que representa **el pantalón corto**

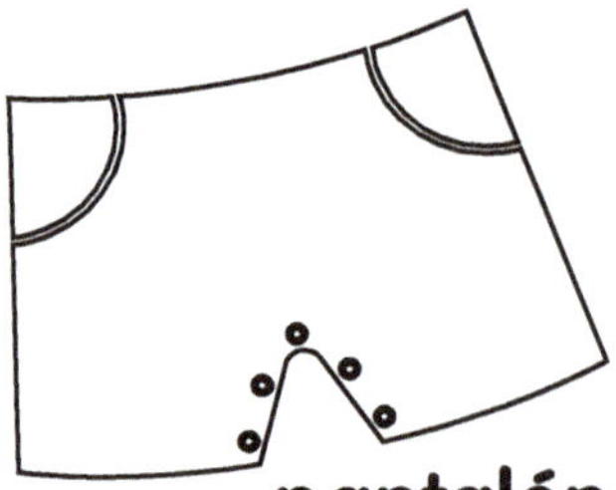

pantalón corto 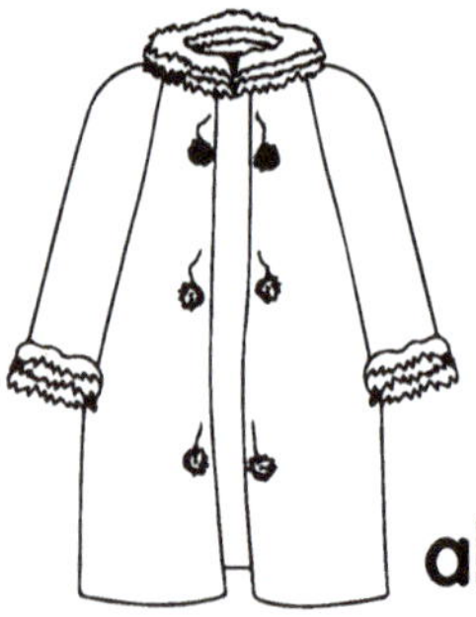   abrigo 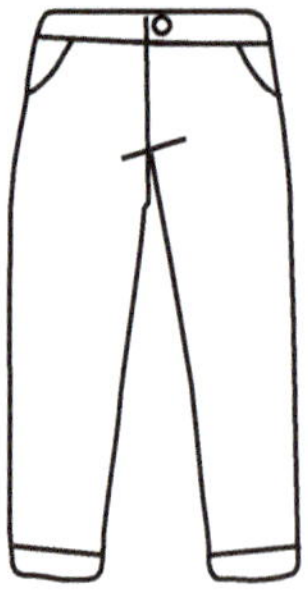   pantalón

Trace the words **el pantalón corto** -
Repasa las palabras **el pantalón corto**

el pantalón corto

el pantalón corto

10

Aprendamos LA ROPA con la llama Rosita

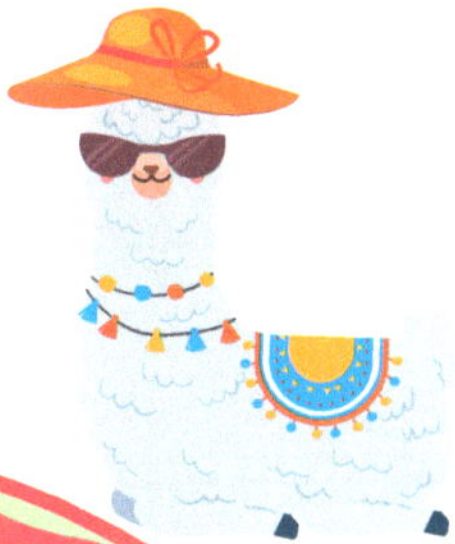

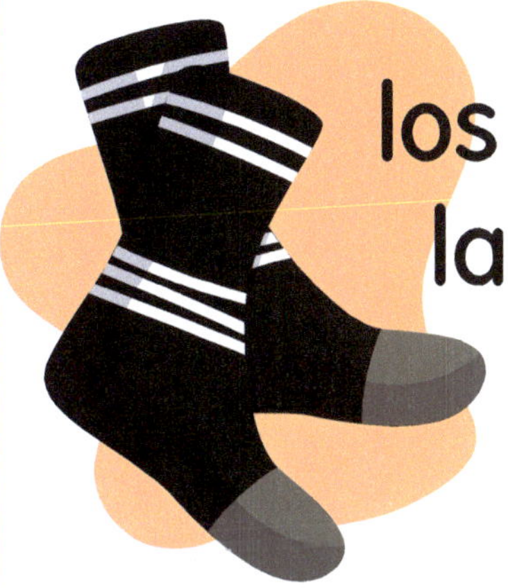

los calcetines
las medias
socks

Los calcetines son negros

Color it - Colorea

los calcetines

Color the picture that shows the meaning of **los calcetines**
Colorea el dibujo que representa **los calcetines**

pantalón 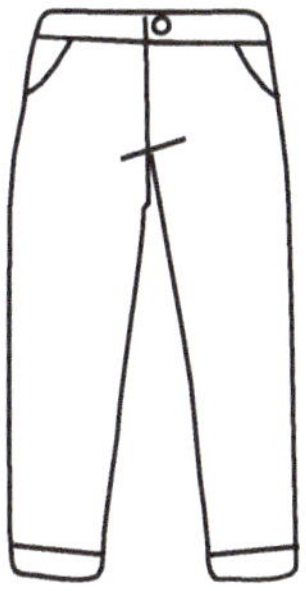

suéter 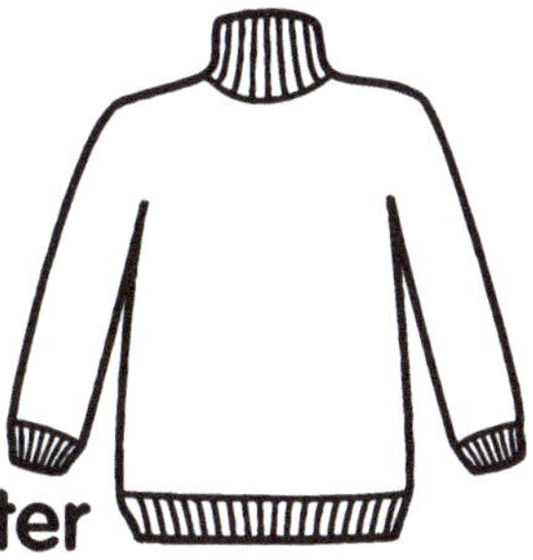

calcetines 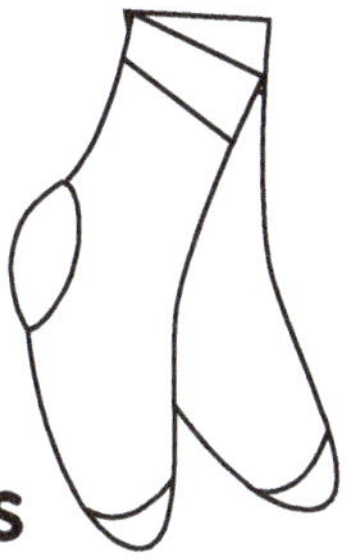

Trace the words **los calcetines** - Repasa las palabras **los calcetines**

los calcetines ~~los calcetines~~

los calcetines ~~los calcetines~~

Aprendamos LA ROPA con la llama Rosita

la camiseta
t-shirt

La camiseta es roja

Color it - Colorea

la camiseta

Color the picture that shows the meaning of **la camiseta**
Colorea el dibujo que representa **la camiseta**

camiseta   blusa   zapatos

 Trace the words **la camiseta** - Repasa las palabras **la camiseta**

la camiseta   la camiseta   la camiseta

la camiseta   la camiseta   la camiseta

Aprendamos LA ROPA con la llama Rosita

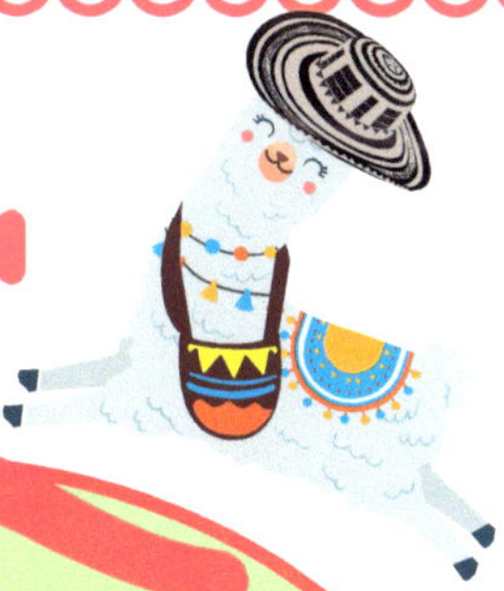

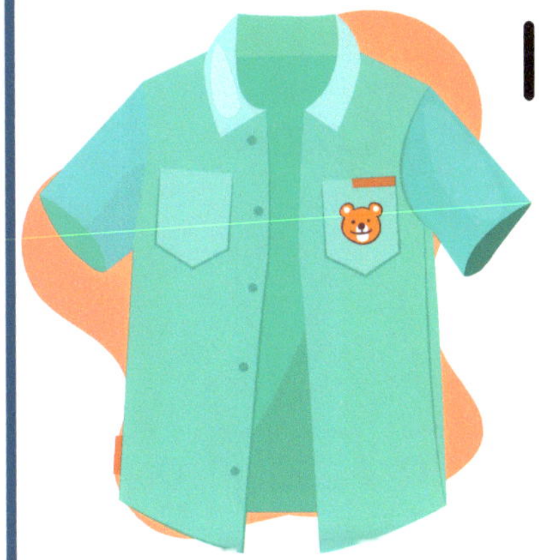

la camisa
shirt

La camisa es verde

Color it - Colorea

la camisa

Color the picture that shows the meaning of **la camisa**
Colorea el dibujo que representa **la camisa**

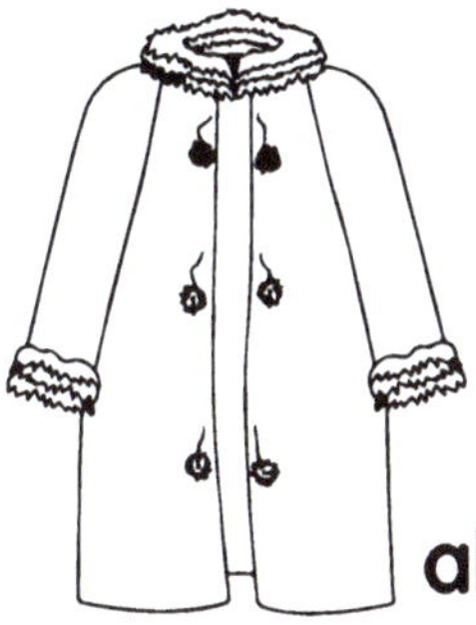

abrigo

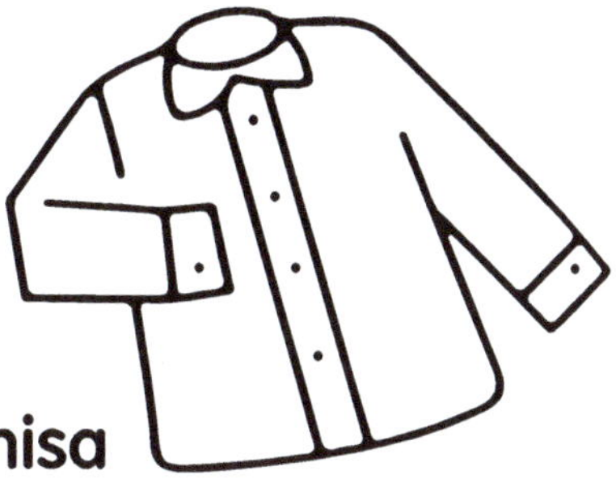

camisa

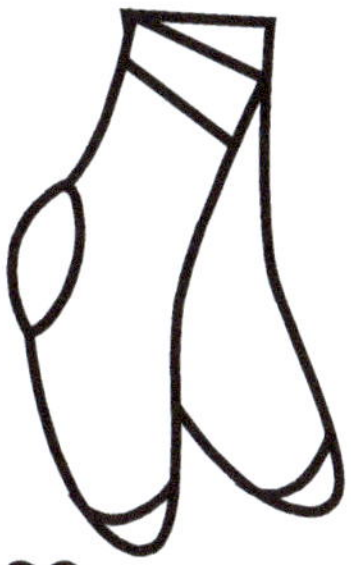

calcetines

Trace the words la camisa - Repasa las palabras la camisa

la camisa la camisa la camisa

la camisa la camisa la camisa

Aprendamos LA ROPA con la llama Rosita

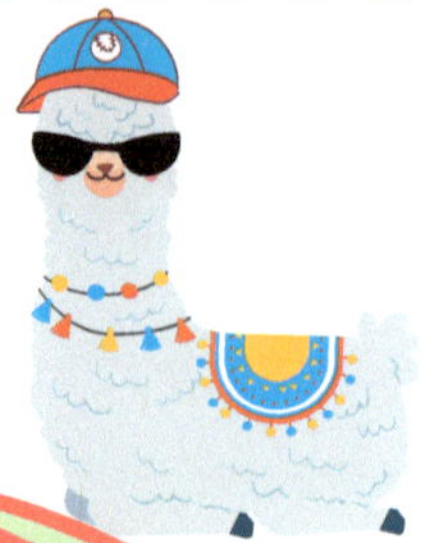

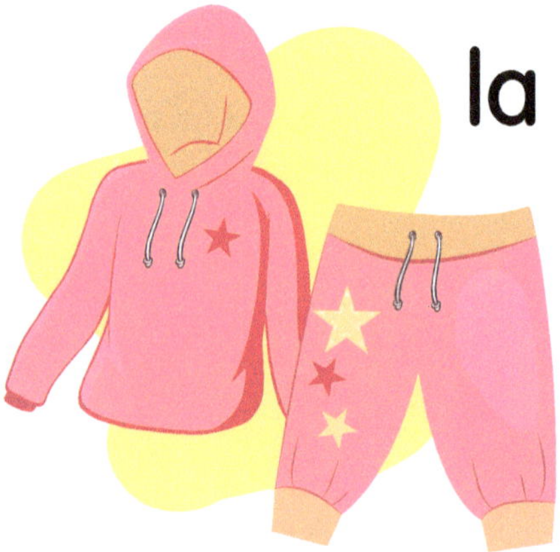

la sudadera
hoodie

La sudadera es rosa

Color it - Colorea

la sudadera

Color the picture that shows the meaning of **la sudadera**
Colorea el dibujo que representa **la sudadera**

camiseta   sudadera   zapatos

 Trace the words **la sudadera** - Repasa las palabras **la sudadera**

la sudadera
la sudadera

Muy bien

14

Aprendamos LA ROPA con la llama Rosita

la bufanda
scarf
La bufanda es roja

Color it - Colorea
la bufanda

Color the picture that shows the meaning of **la bufanda**
Colorea el dibujo que representa **la bufanda**

camisa — bufanda — calcetines

Trace the words **la bufanda** - Repasa las palabras **la bufanda**

la bufanda   la bufanda   la bufanda

la bufanda   la bufanda   la bufanda

Aprendamos LA ROPA con *la llama Rosita*

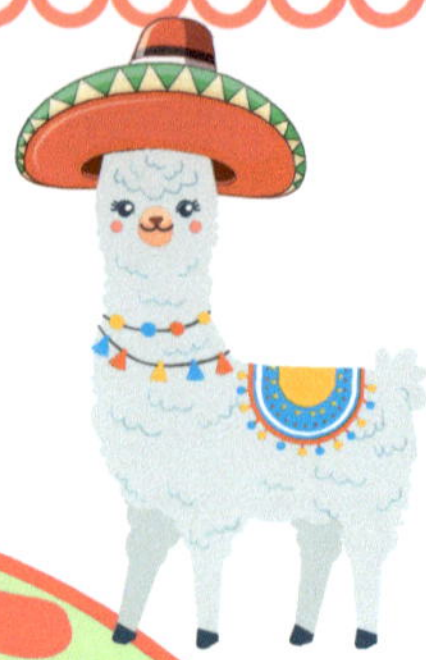

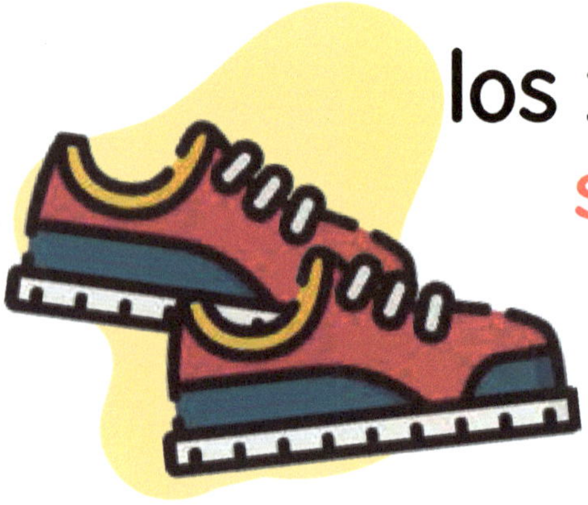

los zapatos
shoes

Los zapatos son rosa y azul

Color it - Colorea

los zapatos

Color the picture that shows the meaning of **los zapatos**
Colorea el dibujo que representa **los zapatos**

| camiseta | zapatos | bufanda |

 Trace the words **los zapatos** - Repasa las palabras **los zapatos**

los zapatos
los zapatos

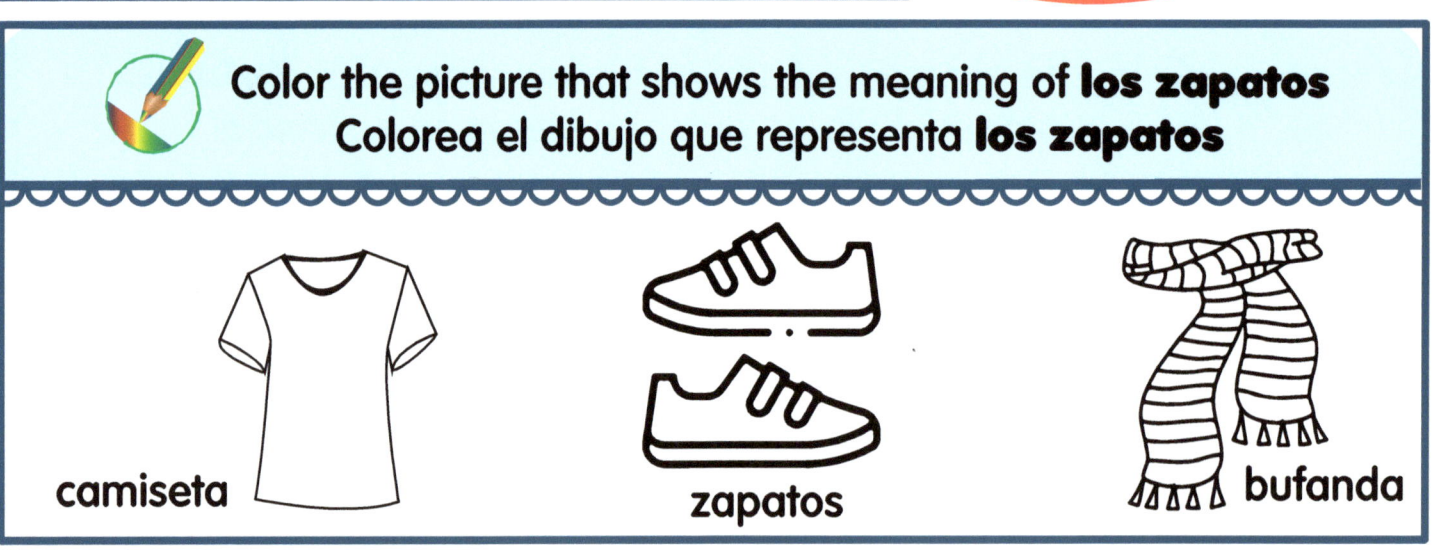

 Muy bien

Aprendamos LA ROPA con *la llama Rosita*

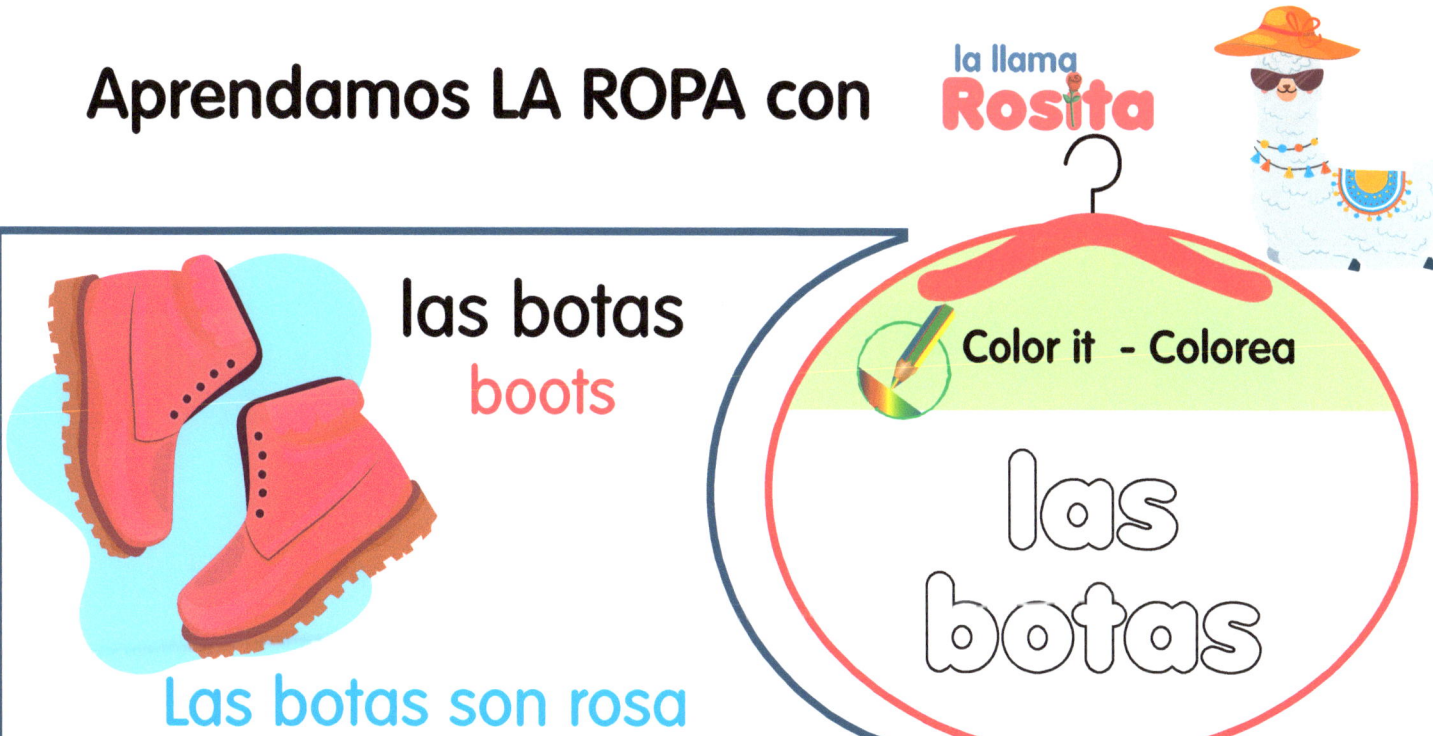

las botas
boots

Las botas son rosa

Color it - Colorea

las botas

Color the picture that shows the meaning of **las botas**
Colorea el dibujo que representa **las botas**

botas — camisa — calcetines

 Trace the words **las botas** - Repasa las palabras **las botas**

las botas

las botas

Aprendamos LA ROPA con la llama Rosita

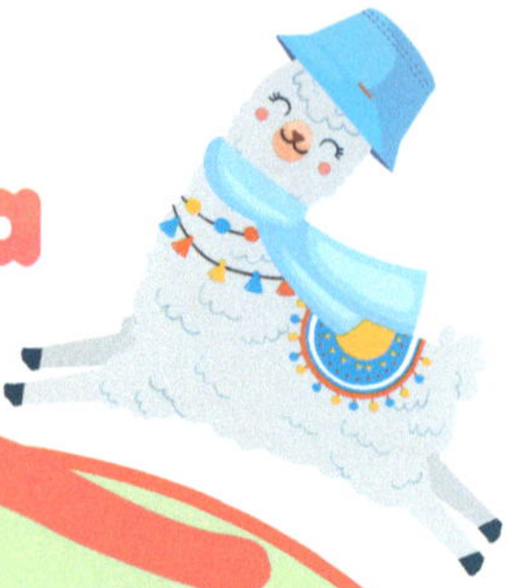

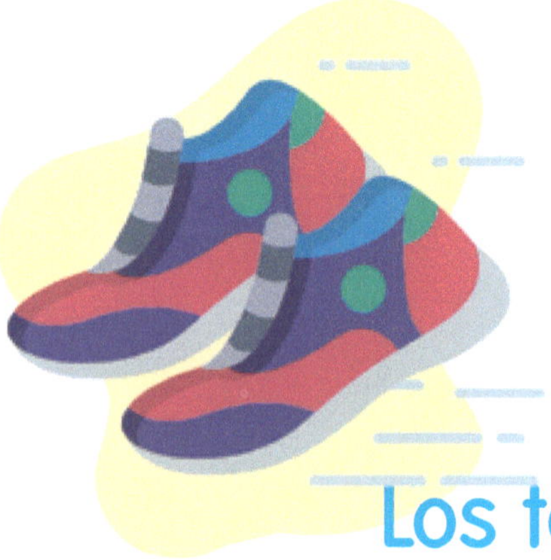

los tenis

shoes

Los tenis son morado y rosa

Color it - Colorea

los tenis

Color the picture that shows the meaning of **los tenis**
Colorea el dibujo que representa **los tenis**

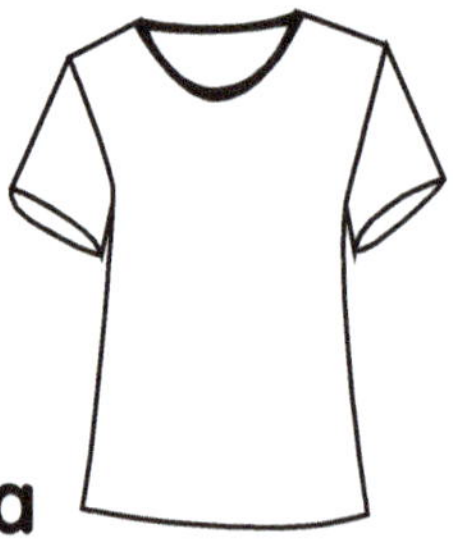

camiseta

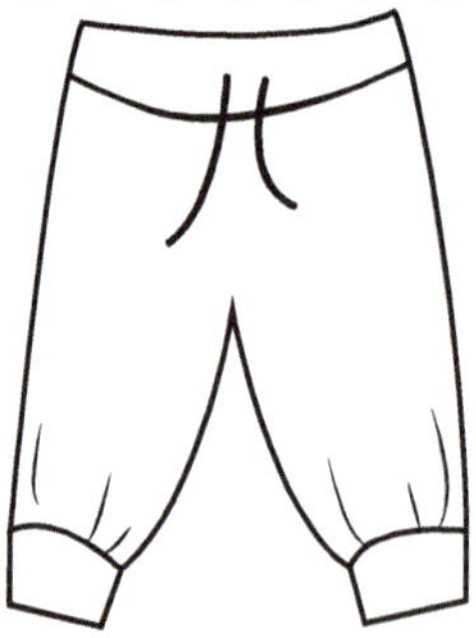

sudadera

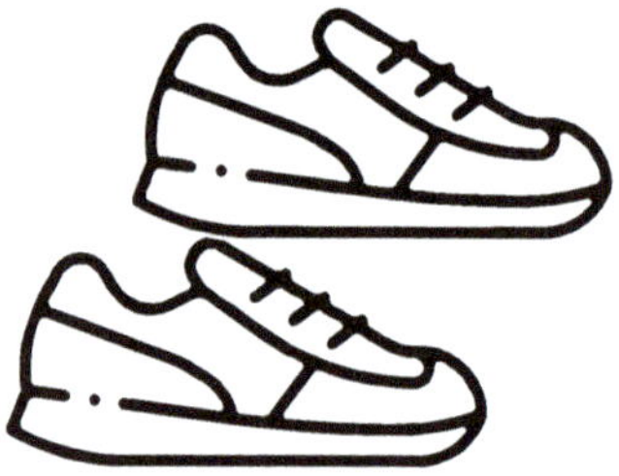

tenis

Trace the words los tenis - Repasa las palabras los tenis

los tenis los tenis los tenis

los tenis los tenis los tenis

Aprendamos LA ROPA con

el traje de baño
bathing suit

El traje de baño es verde y rosa

Color it - Colorea
el traje de baño

Color the picture that shows the meaning of **el traje de baño**
Colorea el dibujo que representa **el traje de baño**

 botas

 traje de baño

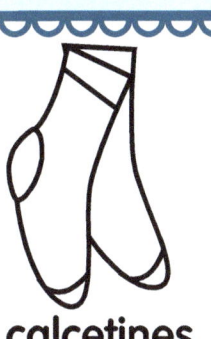 calcetines

 Trace the words **el traje de baño** - Repasa las palabras **el traje de baño**

el traje de baño el traje de baño

el traje de baño el traje de baño

Aprendamos LA ROPA con la llama Rosita

la pijama
pajamas

La pijama es blanca

Color it - Colorea

la pijama

Color the picture that shows the meaning of **la pijama**
Colorea el dibujo que representa **la pijama**

pijama   sudadera   tenis

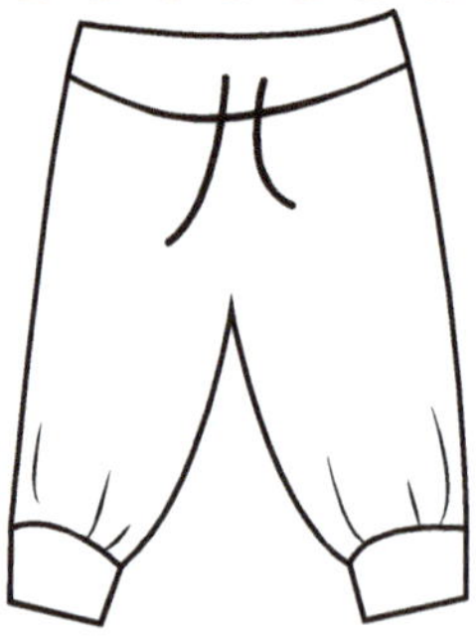

 Trace the words **la pijama** - Repasa las palabras **la pijama**

la pijama   la pijama   la pijama

la pijama   la pijama   la pijama

Aprendamos LA ROPA con *la llama Rosita*

el traje
la corbata
suit - tie

El traje es azul

Color it - Colorea

el traje
la corbata

Color the picture that shows the meaning of **el traje**
Colorea el dibujo que representa **el traje**

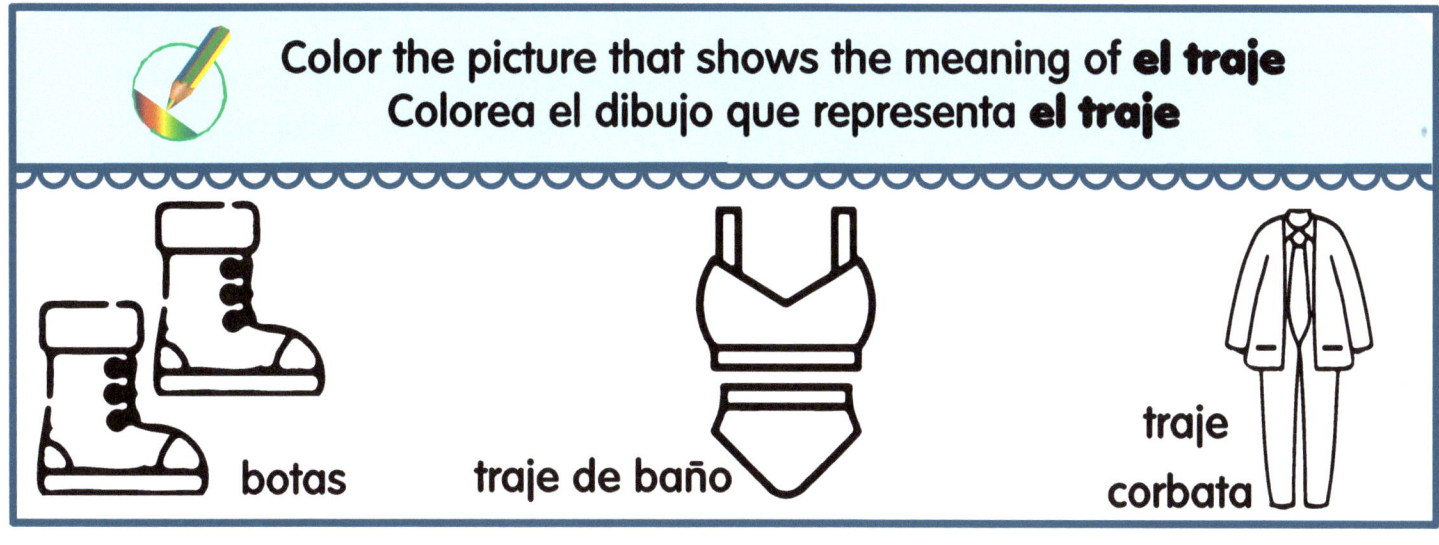

botas — traje de baño — traje corbata

 Trace the words - Repasa las palabras

el traje

la corbata

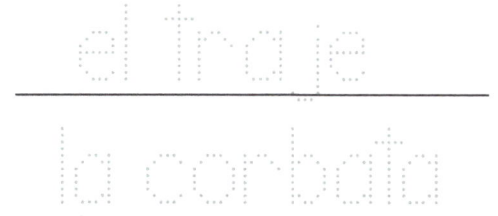

el traje
la corbata

¡Sigue así!

Aprendamos LA ROPA con la llama Rosita

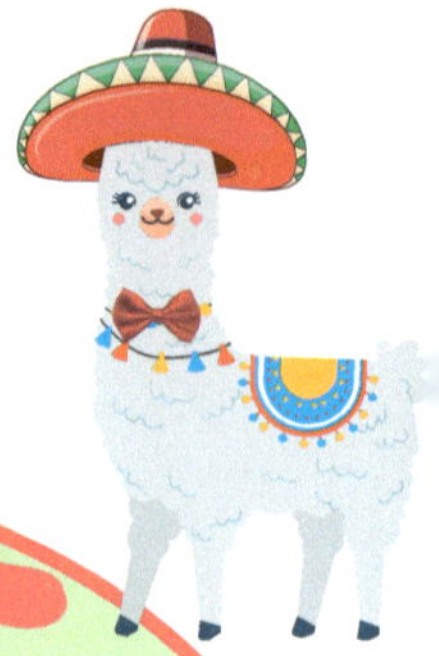

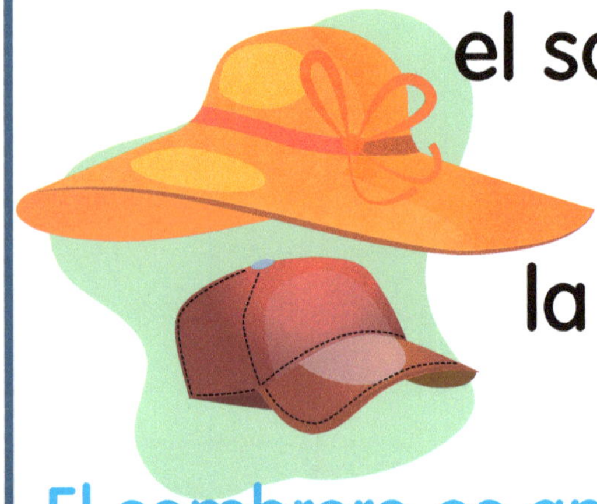

el sombrero
hat

la gorra
cap

El sombrero es anaranjado

Color it - Colorea

el sombrero
la gorra

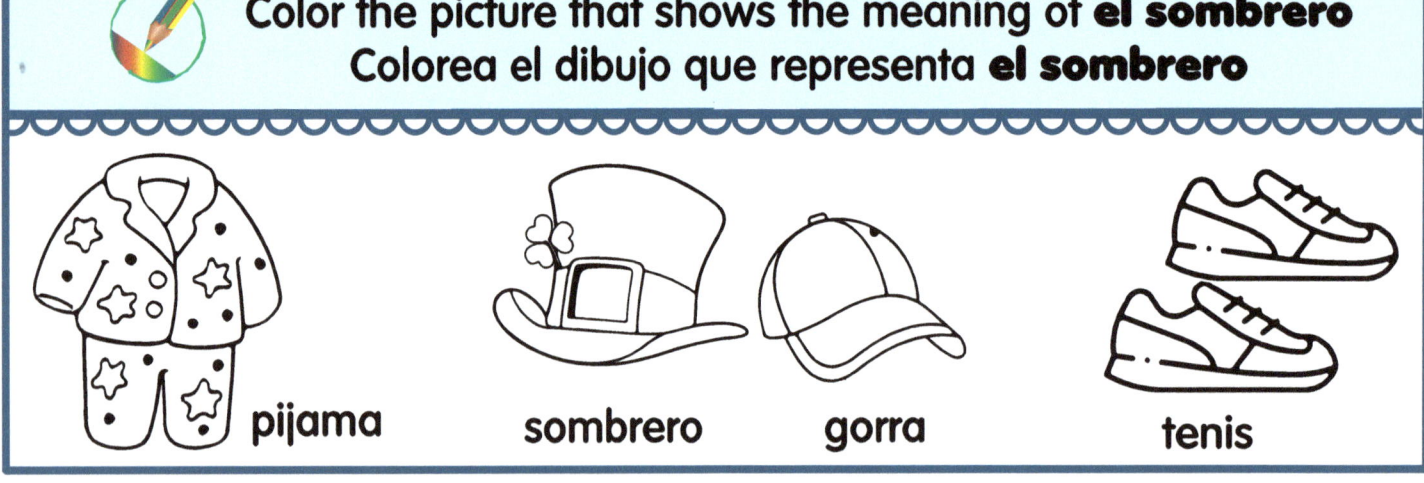

Color the picture that shows the meaning of **el sombrero**
Colorea el dibujo que representa **el sombrero**

pijama   sombrero   gorra   tenis

 Trace the words - Repasa las palabras

el sombrero

la gorra

Buen trabajo

Aprendamos LA ROPA con la llama Rosita

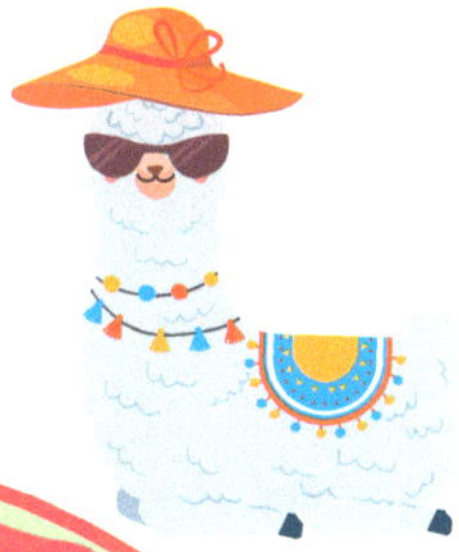

las gafas de sol
sun glasses

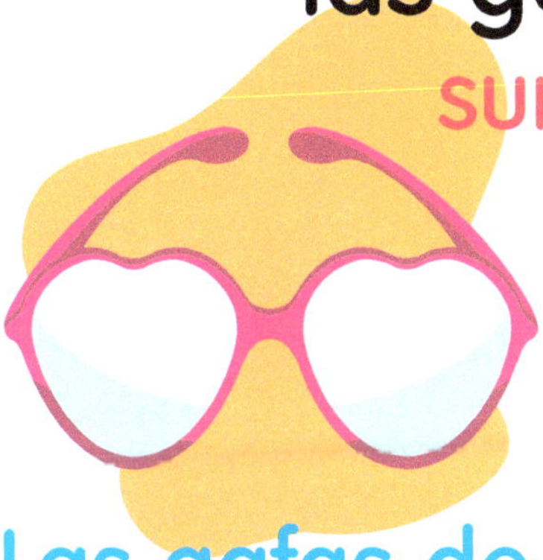

Las gafas de sol son rosa

Color it - Colorea

las gafas de sol

Color the picture that shows the meaning of **las gafas de sol**
Colorea el dibujo que representa **las gafas de sol**

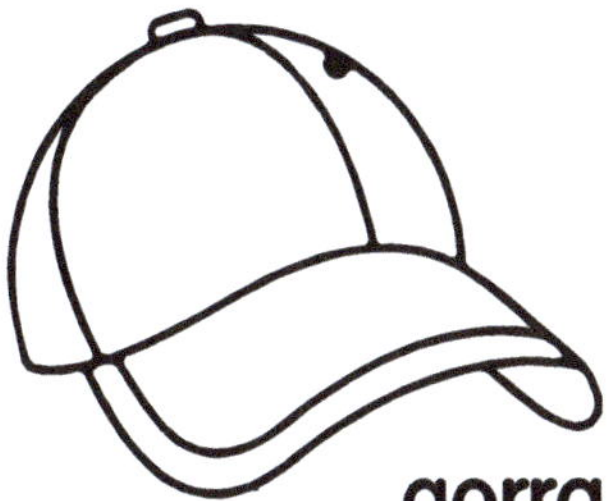

| gorra | gafas de sol | tacones |

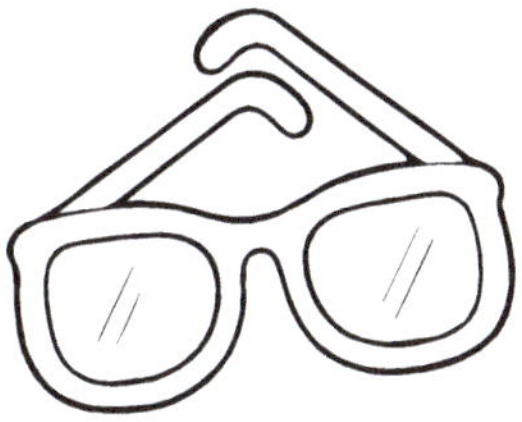

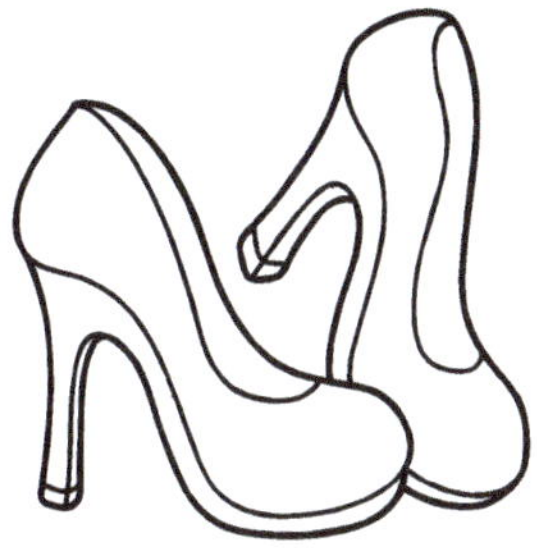

 Trace the words **las gafas de sol** - Repasa las palabras **las gafas de sol**

las gafas de sol

las gafas de sol

Aprendamos LA ROPA con la llama Rosita

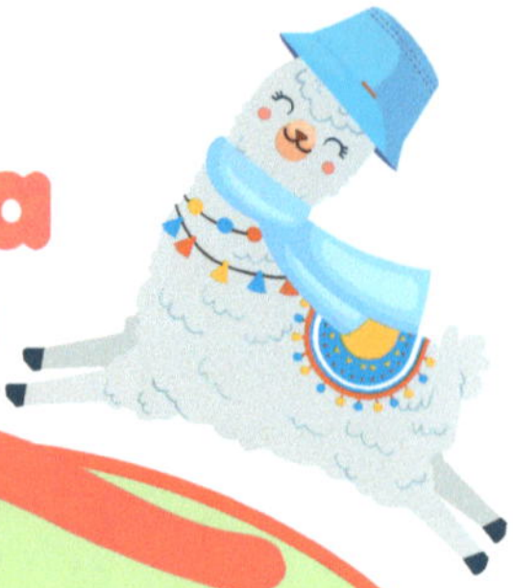

ropa interior
underwear

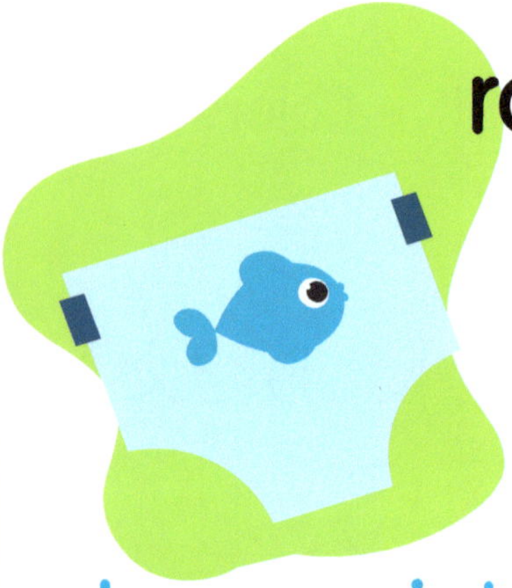

La ropa interior es azul

Color it - Colorea

la ropa interior

Color the picture that shows the meaning of **la ropa interior**
Colorea el dibujo que representa **la ropa interior**

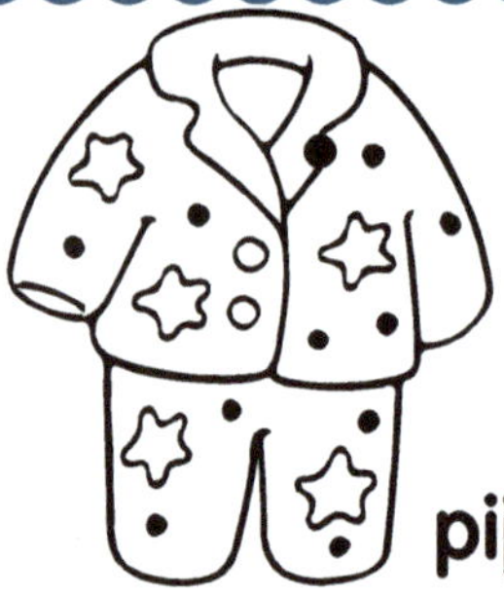

pijama 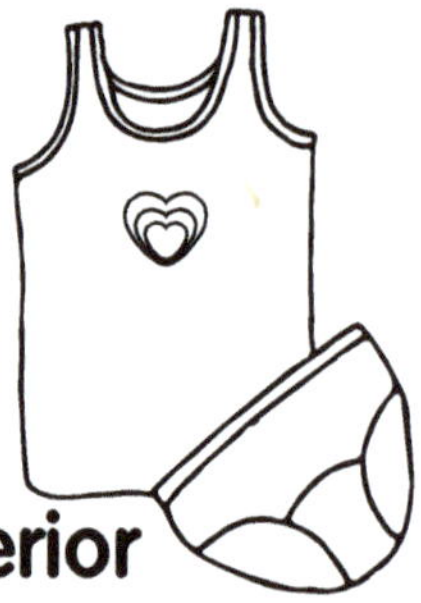   ropa interior 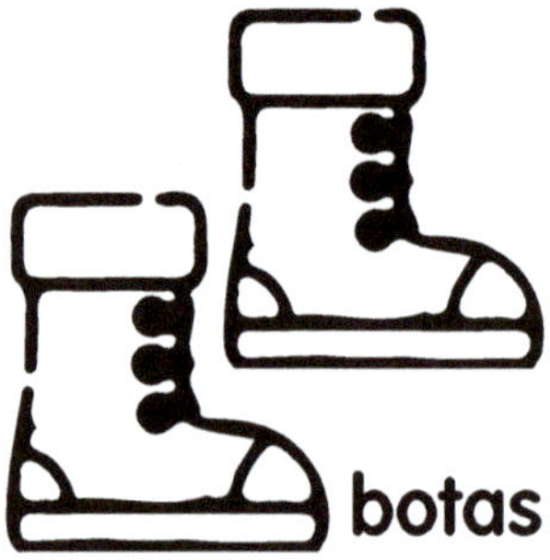   botas

 Trace the words **la ropa interior** - Repasa las palabras **la ropa interior**

la ropa interior
la ropa interior

Aprendamos LA ROPA con la llama Rosita

las sandalias
sandals

Las sandalias son rosa y amarillas

Color it - Colorea
las sandalias

Color the picture that shows the meaning of **las sandalias**
Colorea el dibujo que representa **las sandalias**

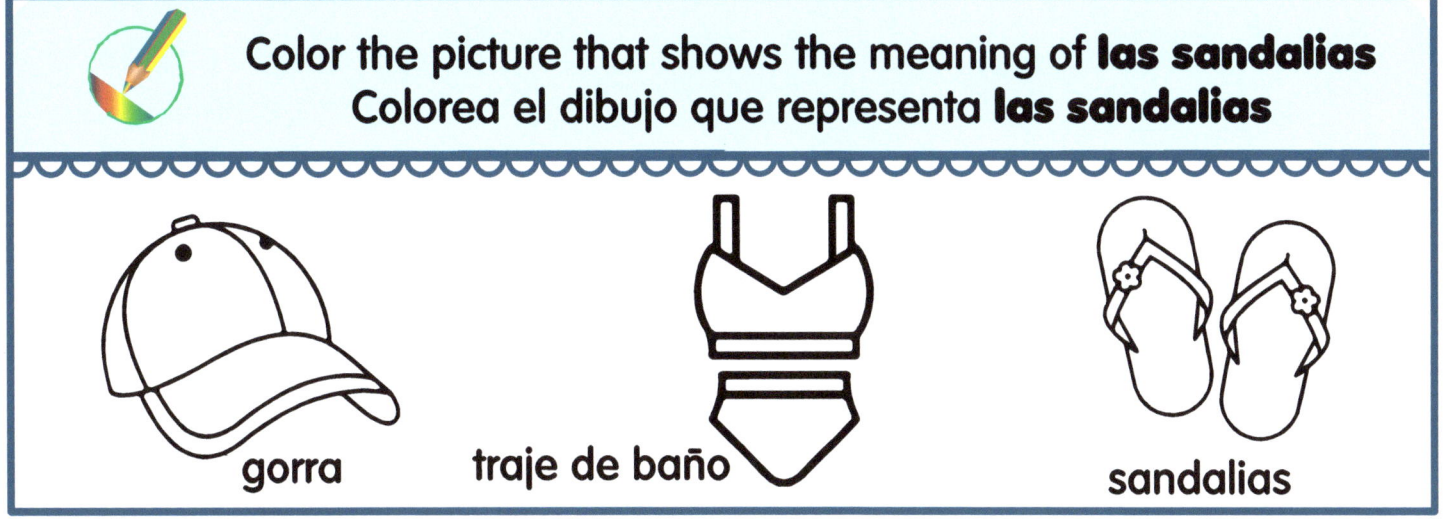

gorra — traje de baño — sandalias

 Trace the words **las sandalias** - Repasa las palabras **las sandalias**

las sandalias

las sandalias

25

Aprendamos LA ROPA con

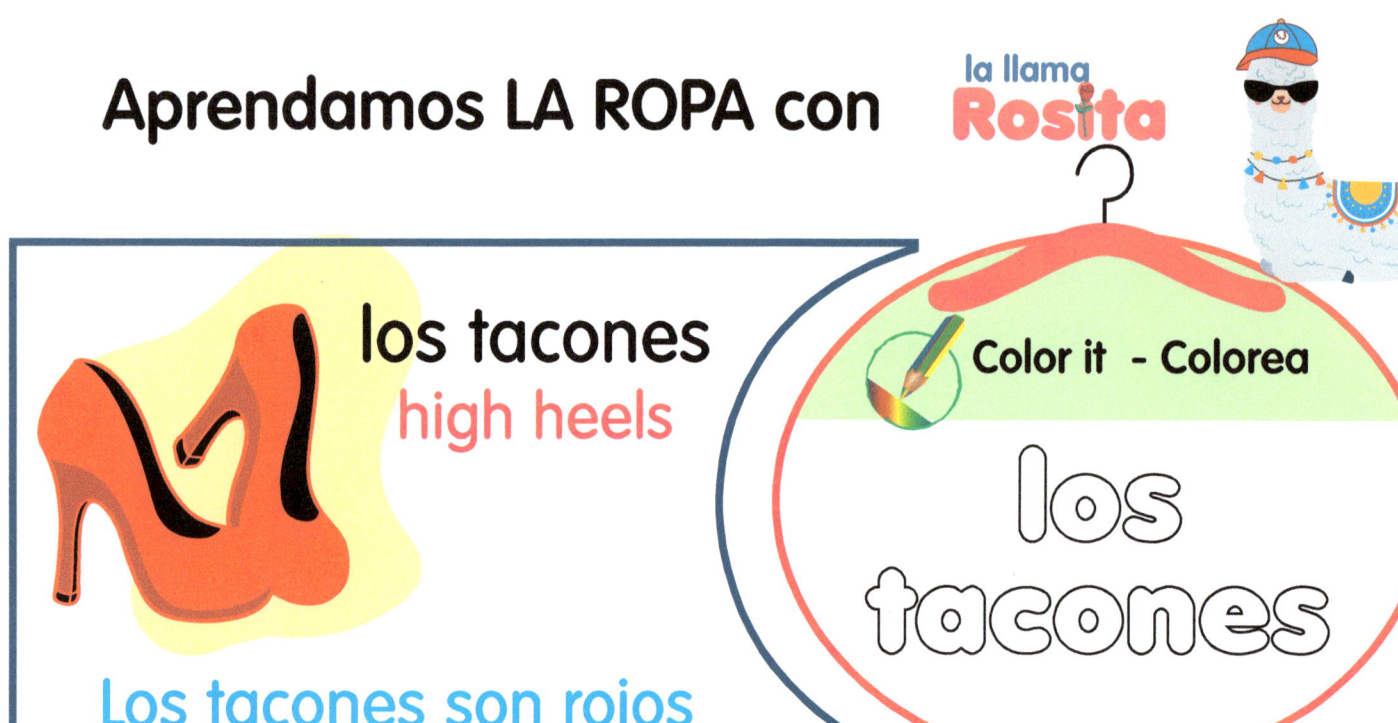

los tacones
high heels

Los tacones son rojos

Color it - Colorea

los tacones

Color the picture that shows the meaning of **los tacones**
Colorea el dibujo que representa **los tacones**

pijama — sombrero — tacones

 Trace the words **los tacones** - Repasa las palabras **los tacones**

los tacones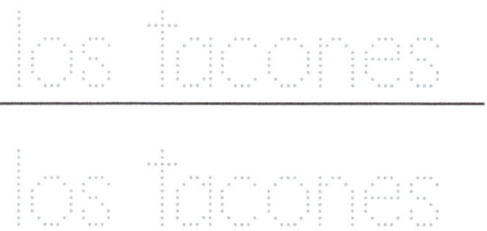

los tacones

Repaso-Review
Repasemos LA ROPA con la llama Rosita
Let's review some Spanish clothing words

Une las palabras con el dibujo que corresponda
Connect the words with the pictures

La falda

blouse

La blusa

skirt

Calcetines/ medias

shoes

Los zapatos

t-shirt

La camiseta

pants

Los pantalones

socks

Repaso-Review
Repasemos LA ROPA con
La sopa de letras - WORD SERCH

p	a	n	t	a	l	o	n	e	s
t	v	c	b	u	f	a	n	d	a
o	v	j	o	k	a	b	m	c	t
z	e	e	x	y	n	u	e	a	b
r	s	l	f	a	l	a	a	m	l
ñ	t	a	t	s	i	e	i	i	u
c	i	g	c	u	l	o	a	s	s
s	d	d	r	o	b	t	s	e	a
s	o	m	b	r	e	r	o	t	o
c	z	a	p	a	t	o	s	a	b

Word Bank

☆ blusa   ☆ pantalones   ☆ bufanda
☆ falda   ☆ medias   ☆ camiseta
☆ vestido   ☆ zapatos   ☆ sombrero

28

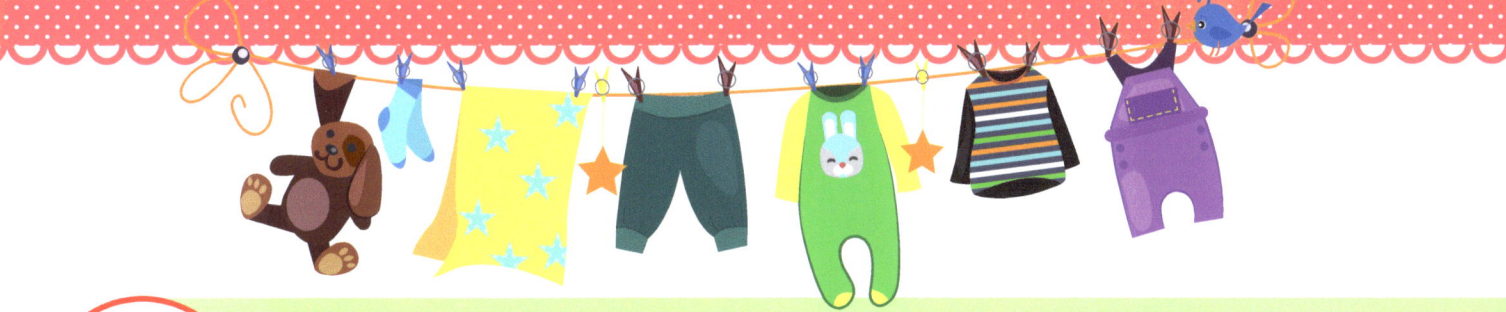

Repaso-Review
Repasemos LA ROPA con la llama Rosita

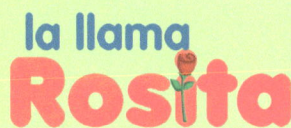

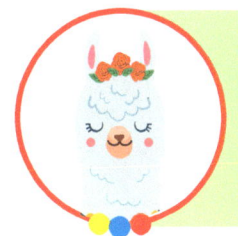

Crucigrama

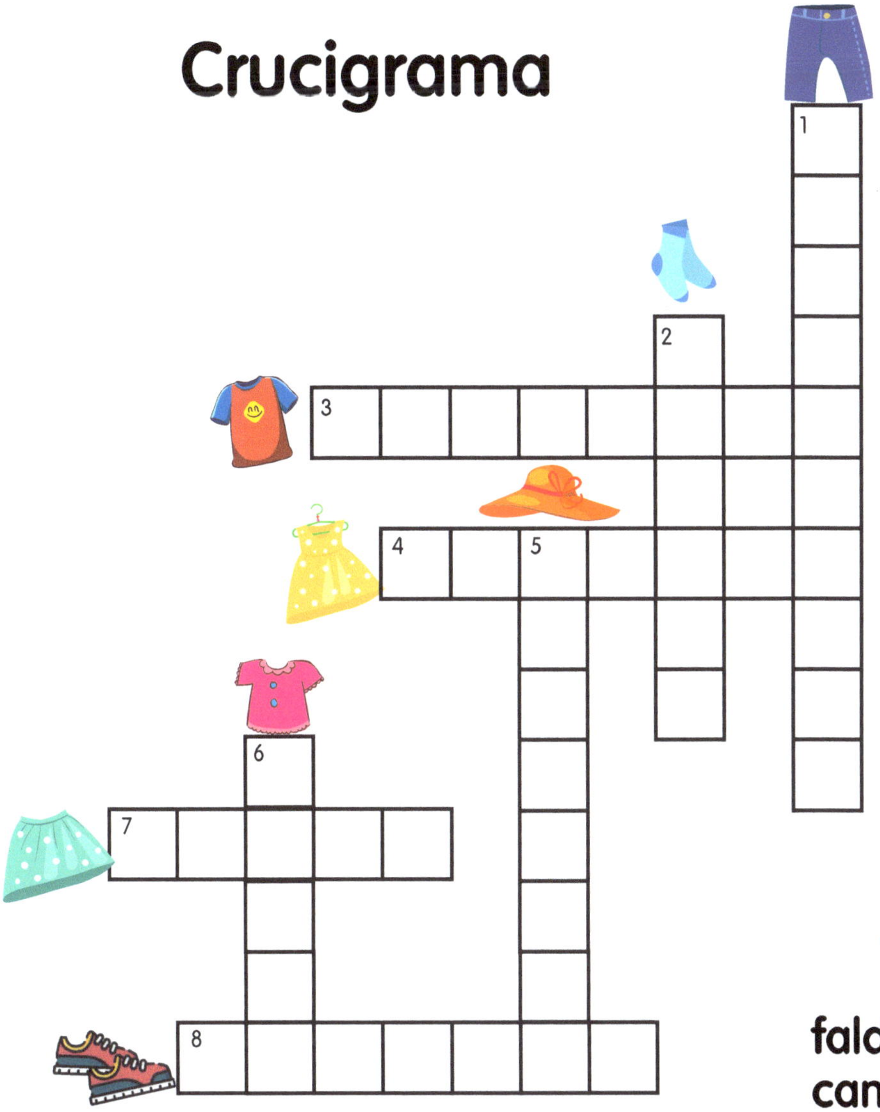

DOWN:

1 pants
2 socks
5 hat
6 blouse

blusa
pantalones
medias
sombrero

ACROSS:

3 t-shirt
4 dress
7 skirt
8 shoes

falda
camiseta
vestido
zapatos

 **Repaso-Review**
Repasemos LA ROPA con

Draw a line from the word to match the correct picture

Color the picture

 medias

 zapatos
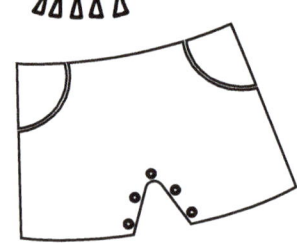

 blusa

 falda

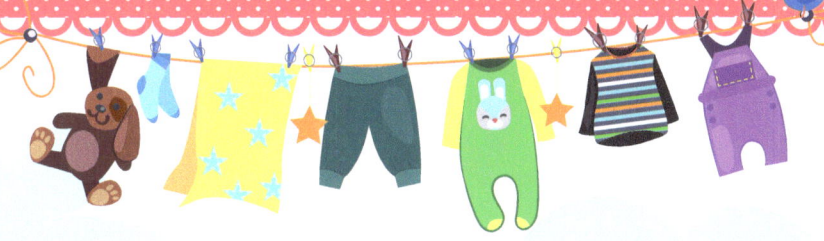

Repaso-Review Repasemos LA ROPA con la llama Rosita

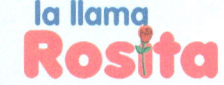

Use the words in the box to label the pictures

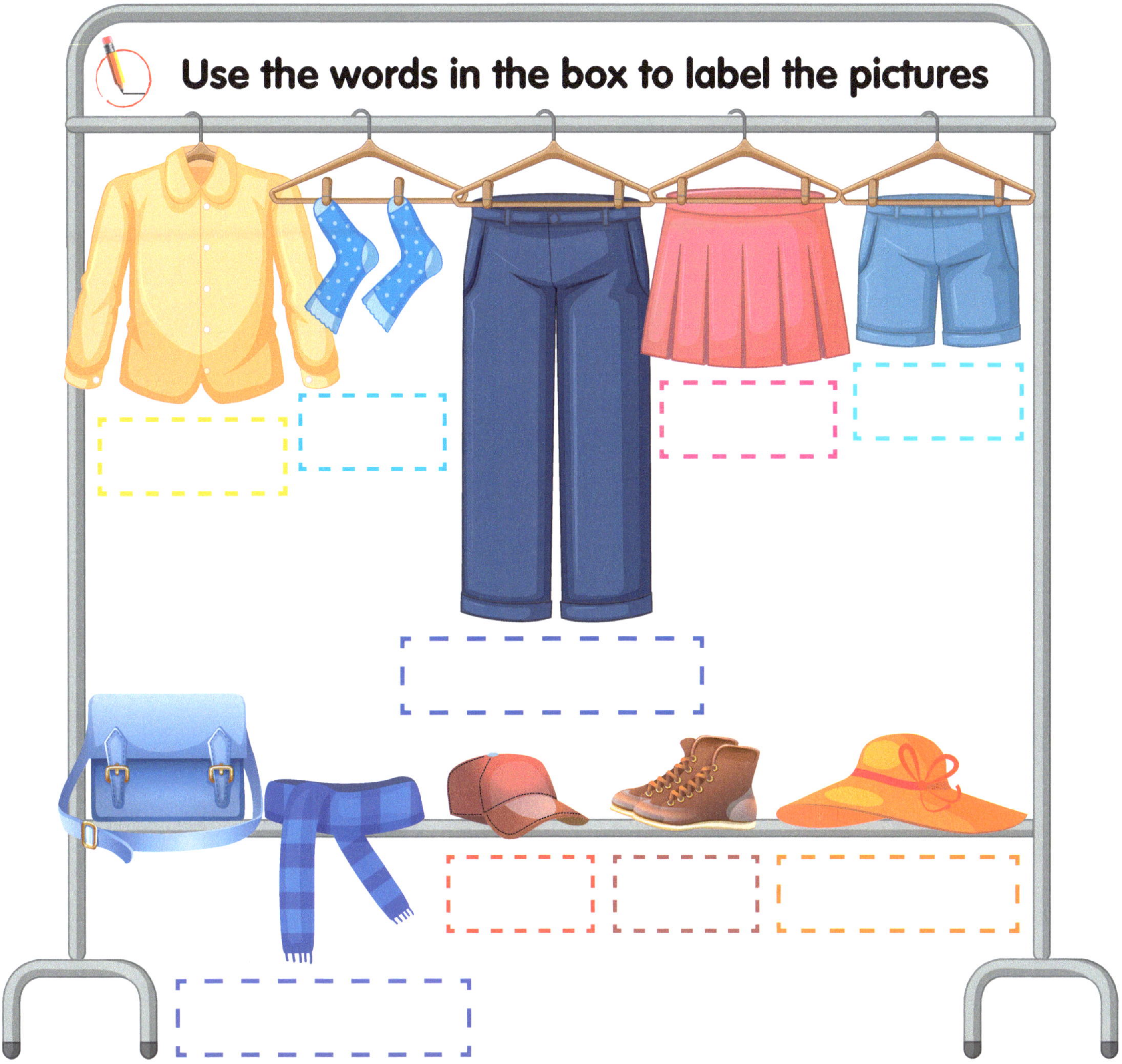

Word Bank | medias - sombrero - pantalones - short
bufanda - camisa - botas - falda - gorra

Vocabulario

ESPAÑOL	PRONUNCIACIÓN	INGLÉS
¿Qué ropa llevas?	¿káy ró-pah yay-vahs?	What are you wearing?
Yo llevo…	yoh yáy-voh	I am wearing…
La blusa	lah bléw-sah	blouse
La falda	lah fáhl-dah	skirt
El vestido	ehl vays-tée-doh	dress
La chaqueta	lah chah-káy-tah	jacket
El abrigo	ehl ah-brée-goh	coat
El pantalón largo	ehl pahn-tah-lóhn láhr-goh	pants
El suéter	ehl sew-áy-tair	sweater
Short /el pantalón corto	shohrt / ehl pahn-tah-lóhn kóhr toh	shorts
Los calcetines/ las medias	lohs kahl-say-tée-náys / lahs máy-dée-ahs	socks
La camiseta	lah kah-mée-say-tah	t-shirt
La camisa	lah kah-mée-sah	shirt
La sudadera	lah sew-dah-dáy-rah	hoodie
La bufanda	lah bew-fáhn-dah	scarf
Los zapatos	lohs zah-páh-tohs	shoes
Las botas	lahs bóh-tahs	boots
Los tenis	lohs táy-nees	tennis shoes
El traje de baño	ehl tráh-hay day báhn-yoh	bathing suit
La pijama	lah pee-háh-mahs	pajamas
La corbata	lah kohr-báh-tah	tie
El sombrero	ehl sohm-bráir-roh	hat
La gorra	lah góhr-rah	beanie/ cap
El traje	ehl tráh-hay	suit
Las sandalias	lahs sahn-dáhl-ee-ahs	sandals
Los tacones	lohs tah-kóhn-ays	high heels
Ropa interior	róh-pah een-táy-ree-ohr	underwear
Las gafas de sol	lahs gáh-fahs day sóhl	sun glasses